아직 멀었다 벌써 다 왔다

호병탁

문예원

호병탁

충남 부여출생, 한국외국어대 중어과, 원광대대학원 국문학과(문학박사)
문예가족 회장, 종합문예지 『표현』 주간, 채만식문학상 운영위원, 혼불문학상 심사위원 등
표현문학상, 군산문학상, 아름다운 문학상, 한국예총회장상 등
시집 『칠산주막』(모아드림), 평론집 『나비의 궤적』(황금알), 『일어서는 돌』(인간과 문학사), 『양파에서 고구마까지 - 21세기 한국 시문학을 보는 융합적 통찰』(문예원), 『시의 집을 찾다』(칼라박스) 등

| 시인의 말 |

 내 나라 시골 풍광과 민초들의 모습이 내 시를 지탱한다. 오일장에 팔려나온 짐승 새끼들이 안쓰럽고 소쿠리의 생선 몇 토막이 눈물겹다. 흥정하는 사투리가 정겹고 걸쭉한 약장사 육담이 구수하다. 물론 저녁연기 오르는 주막의 서정 또한 아름답다. 허나 이왕이면 안으로 들어가 막걸리도 몇 잔 꺾고 주모 궁둥짝도 한 대 갈겨가며 민초의 떠들썩한 웃음, 그 웃음 속에 깃들인 한숨을 뵈는 대로 들리는 대로 그렸으면 한다.
 바람은 '새의 본향'이기도 하고 '부재하는 실재'를 함의하기도 한다. 그러나 칠칠찮은 아낙의 하얀 속곳 빨래를 하늘로 솟구치게도 하는 것도 같은 바람이다. 이것을 놓치지 않으려는 맘이 내 시를 만든다.

이번 시집이 나오게 된 결정적 힘은 김익두 교수에 의한 것이었다. 천지사방 흩어져 있는 시편들을 찾고 정리하여 시집 꼴을 만들게 한 것은 몇 달에 걸친 그의 강압에 의해서였다. 주석에서 나눈 그와의 대화에서 시집 제목도 결정했다. 그렇다. 남은 길이 아직 먼 줄 알았더니 벌써 다 왔구나. 그에게 큰 고마움의 정을 바친다.

호병탁

| 차례 |

시인의 말 3

제1부 생生

안부 10
고향 저녁나절 11
비 개인 밤 12
평화—어떤 생 13
말복 14
작은 가지의 힘 15
경산 능금 16
어머니의 아픈 맘 18
발 편한 신발 19
호상好喪 1 21
호상好喪 2 23
정다운 사이 24
가을비 25
인생이 무어냐고 묻기에 27
모른다는 것을 아는 것 28
상팔자上八字 1 29
상팔자 2 30
철학자에게 삶의 길을 물어보니 31
배움의 길 32
우세한 줄 알고 우세하고 있다 33
배의 존재 의미 34
동지 35
아직 멀었다 벌써 다 왔다—나의 생 36
눈 내리는 날—자화상 37

2부 정情

인연 1	40
인연 2―강원여객의 힘	41
꽃과 바람과 비와 달	43
비석	45
연정	47
조그만 철도역	48
작은 별	50
어떤 사랑	51
밀물 넘실대는 보름밤	53
산짐승	54
생보살	55
밀회	56

3부 인人

변방 일기―폭설 58
상당한 이유 1 60
상당한 이유 2―소리 한 대목 61
안평옥 시인 인터뷰하러 갔다가 62
달근씨의 아픈 맘 63
길 안내 64
탁씨의 예술 65
춥지 않은 밤 66
정 67
그리운 시인 68
열대야 끝나던 밤 69
참 귀여운 아우―남호탁 시인 71
변방일기 1―최영 성님의 심각한 말씀 72
변방일기 2―세상의 이치 73
금테 두른 사모님 74
산곡山谷 75
서재균 선생 소변보러 가시면서 76
멋진 화가 선생 77
안도하게 하는 안도형님 78
소 같은 놈 79

4부 곳所

승부역 82
진안 백운고원 소묘 84
장마 비―삼천포 늑도 87
흑산도 88
밤바다, 고군산열도 90
진미珍味 91
눈보라치는 항구 92
눈 오시는 하제 94
임이 짐작하소서―삼천포 연육교 아래 모텔 96
전주 98
오모가리탕집에서 99
아라가야伽倻―함안, 아라가야 고분에서 100
초원의 별―대평원에서 101
유목민 형제들 102
미역 냄새나는 가슴―야미도리夜味島里 여인 104
변방일기 3―영월, 우담바라 피었다고 105
청령포의 별 107
강경옥 108
옴팡집 109

|해설| 오래된 미래, 원초적 정情의 세계 111

제1부

생生

안부

이곳은 종일 비가 내립니다 나는 별 일 없습니다
그곳도 비가 내립니까 그대도 별 일은 없습니까

나와 그대 사이 별 일 좀 있었으면 합니다, 마는
별 일 없이 사는 것도 크게 나쁘지는 않을 것 같습니다

할 말은 많으나 이만 줄입니다

고향 저녁나절

그곳에는 지금도
일없이 단풍잎 떨어지고
강물은 금빛 비늘 털며
제길 따라 바다로 가고
노을 비낀 하늘 가
한 줄기 철새 떼 걸리고
밭일 끝내고 돌아가는 강둑길
아낙의 소쿠리에 파 몇 단 짙푸르고

사람들은 살다가 동네 마실가듯 가고

비 개인 밤

　장마 끝, 달이 구름을 쓸고 있었다. 맹꽁이 울음이 시끄러웠다. 반딧불이 불티처럼 날랐다. 많은 비에 물소리 요란했다. 다리 끊어져 삼십 리 길 걸었다. 개울 건너다 옷 다 젖었다. 주막 마루에 털썩 앉아 초저녁 잠 많은 주모를 깨웠다.
　삼십 리 먼 길에 나는 달빛 품은 풀 한 포기 되었던가. 반딧불이 하나 내 소매에서 날았다.

평화
—어떤 생

소나기 지나갔다
개밥그릇에 고인 빗물
그 속을 시침 뚝 떼고 흘러가는
하얀 구름 한 조각
어디론가
열심히 헤엄쳐가고 있는
조그만 벌레 한 마리

말복

개 혀?
예
소주나 한 병 차고 건너와

매미가 성님 인심 좋다고 동네방네
왜장질러 쌓던 날

바가지로 땀 흘리며
그중 시원했던
날

작은 가지의 힘

토끼새깽이들 밥 멕이려
손가락만한 가지에 달린 것만 훑었는데
아카시 잎사귀 한 포대가 금방이다
짊어지니 내 한 쪽 어깨가 무너난다

그 무거운 짐을 달고
손가락 굵기의 나무 가지
바람에 살랑살랑 춤을 춘다

하나님 발가락이라도 잡았는가

경산 능금

햇살 부서지는 새빨간 능금
옷섶에 쓱쓱 닦고 한입 가득 베어 문다
우적우적 두어 번 씹다가
양쪽 눈 찡그리고 진저리를 친다
시고 달고, 달고 시고
침이 펑펑 솟구친다

중학교 때 가을
경주 수학여행 다녀오던 길
해 떨어지던 대구선 경산역
아들 기다리실 어머니가 생각나
주머니 탈탈 털었다
서글서글한 눈매의 경산댁이
차창 밖에서 건네준 대바구니
황혼 빛이 홍옥 알에
빨갛게 튕겼다

칼 댈 일 없는 그 능금 우저적 베어 문다
침이 울컥 솟구친다 침 많으면 오래 산다니

자주 챙길 일이다

보고 싶은 어머니도 얼굴 찡그리며 웃으신다

어머니의 아픈 맘

어렸을 때
집에서 나가라는 것은 가장 겁나는 벌
나는 다행이 집 쫓겨날 정도로 쌈박질도 연애질도 못했다
더더욱 고마운 건 나에게는 맘 여린 어머니가 계셨다

말 안 듣고 앞강에서 멱감다 빠져죽을 뻔 했을 때
회초리 단 두 대 때리고 돌아 우시던

발 편한 신발

작년 그러께 아버지와 함께 구두를 샀다
신발 문수도 같고 꾀까다롭지도 않은 두 사람
발 편하면 됐지 같은 걸로 사버렸다
나는 발 편한 구두를 신고
빨빨거리고 나 다녔다
바람 맞고 눈비 맞고
술 먹고 비칠대고
어떤 때는 굴러오는 공도 냅새 차 질렀다

전번 공일 모처럼 아버지 뵈러 갔다
점심 들고 경로당 마실 가신 아부지
신발을 바꿔 신고 나가셨다
아, 이제 많이 늙으셨는개비다
당신 것과 아들 신발도 구분 못 하시다니
크게 걱정하며 돌아와
발 편한 당신의 구두를 신고
또 온갖 곳 싸질러 다닌다

어머니를 통해 나중에 알았지만

잔칫날 출타하실 때
딱 두 번 신으신 아버지 구두

호상好喪 1

 강추위 하던 날 어둠 깔리고 별 돋아날 때 교장어르신 돌아가셨다.

 뛰쳐나온 장정들 짚 깔고 멍석 펴고 차일치고 화톳불 올리고 백 촉 알전구 여기저기 달아매고 경정거렸다. 여편네들 솥뚜껑 뒤집어 놓고 부침개 부치고 홍어 무치고 고깃국 끓이고 돼지고기 삶고 겉절이 버무리고, 부엌으로 장광으로 우물로 궁댕이를 흔들며 종종거렸다. 노인네는 심부름 시키고 혼내고 애들은 혼나고 심부름 다녔다. 발걸음 부산하고 한 마디씩 거들고 가끔 웃음소리 터졌다. 지서주임이 순찰차 타고 오고 조합장이 택시타고 오고 예비군중대장이 오토바이 타고 오고 이웃 동네 구장이 경운기타고 왔다. 선생은 자전거타고 오고 학생은 뛰어오고 거지들은 걸어왔다. 양조장 막걸리가 몇 통씩 들어오고 금방 떨어져 또 들어왔다.
 '상제도 한 잔 허는 거여' 밤 깊어지며 섬돌아래 죄인으로 눈 감고 앉아있던 오형제 슬슬 문상객 상모서리에 발걸음 잦아졌다. 선배 후배 선생 제자 동갑계 위친계 이리 저리 위로 아래로 오형제와 얽히는 사이, 막걸릿잔이 좌로 우로 앞으로 뒤로 날라 다녔다. 교장어르신까지 나와 몇 잔 받고 거나해 다시 들어가 누우셨다.

추운 밤이었다 화톳불 기둥이 몇 개 더 섰다.
불티 높이 나르고 별들이 와르르 쏟아져 내렸다.

호상好喪 2

떠들지 마라 이빨 뵈게 웃지 마라 색깔 있는 옷 입지 마라

삼우제 끝나자 자당님 엄명 떨어지고 오형제 바깥출입 시작되었다 형제들은 음으로 양으로 도와준 분들 이 고샅 저 고샅 권커니 작커니 인사하고 다녔다 초상 동안 파리 날렸다고 순창옥 배마담이 진미식당 나주댁이 삼거리주막 칠산네가 웃으며 고시랑댔다 동백다방 김마담까지 장사 못했다고 살짝 눈을 흘겼다 상가에 닷 섬 술 나갔다는 소리가 읍내에 쫙 깔려있었다 한 섬은 열 말, 닷 섬은 쉰 말, 잘나가는 순창옥 막걸리 최고 나가는 날이 닷 말, 동네 송방 소주까지 거덜났다니 술집 장사 못했다는 소리 허튼소리 아니다 쫙 깔린 또 다른 확실한 소문

닷 섬 술 반은 상주들이 다 마셨다더라

정다운 사이

바다가 보이는 공원
아무나 앉는 벤치가 있다

어제는 신문지 뒤집어쓰고
낮잠만 자더니

오늘은 시인 하나와
하루 종일 수평선을 보고 있다

가을비

당숙어른 손에 매달려
주먹만 한 보따리 꼭 안고
정거장에 내린 단발머리 아이
집 떠날 때 많이 울었는지
눈이 부어 있었다

낯선 거리
낯선 친척을 보고
아이는 겁먹은 얼굴로
자꾸만 아저씨 뒤로 숨어들었다

역전식당에 데리고 갔지만 먹지 않았다.
제 어미 보고 싶어
눈물 그렁그렁 입 삐죽대며
언제 집에 가냐고 벌써,
벌써 묻고 있었다.

아이 두고 내려갈 길
난감해진 당숙어른

말도 없이
막걸리 한 주전자 바닥내고 있었다.

저 어린 것
눈에 밟혀
까르르 웃기 잘하던 새파란 옥실댁
먼 하늘 강 제대로 건너기나 했을까

늦가을 찬비가 역사에 추적이고 있었다

인생이 무어냐고 묻기에

모른다고 대답했다
후딱 대답할 수 있어 기뻤다

모른다는 것을 아는 것

팔자라면 그런 줄 알고 살아야겠네
이대로 남보다 조금은 더 춥고 배고프게 살아야겠네

그래야 남보다 조금은 더 마르고 살도 딴딴해질 것 같네
그래야 남보다 조금은 더 머리도 차게 돌아갈 것 같네
그래야 춥고 배고픈 사람 아픔도 조금은 더 알고 갈 것 같네
그러면 된 사람이지 뭐 또 더 있겠는가

모른다는 것을 모르는 것과 모른다는 것을 아는 것은 한참 다르네

상팔자上八字 1

덮으면 덥고
차면 춥다

입은 채
굴리는
잠자리

베개나
높이
베겠다

상팔자 2

밥 탔다고?
누룽지 좋지

질다고?
죽 또 좋지

고두밥 되었다고?
누룩 사다 술 빚으면
더 좋지

철학자에게 삶의 길을 물어보니

모른단 말을 상당히 길게 하더라

배움의 길

오일 장 선 날
수탉 두 마리가 피터지게 싸운다
팔려나온 신세인 줄 도 모르고

장꾼들이 말릴 생각 없이 웃으며 구경한다
옆에 매여 있는 염생이도 강아지도 구경한다

국어선생님은 주제를 파악해야 하고
산수선생님은 분수를 알아야 한다고
초등학교 때부터 가르쳤다

평생 배웠지만
지금 나는 내 주제와 분수를 얼마나 알고 있는가

우세한 줄 알고 우세하고 있다

내가 쓴 글을 보니 웬 놈의 성찰과 통찰이란 말 이리 많은가
아이고, 아예 글 제목이 '삶의 성찰에서 피우는 통찰의 꽃'이라
우세 떨고자빠졌네
아서라, 성찰은 성철 같은 분이나 하는 것이고
통찰은 먹고 똥탈 안 나는 사람이나 하는 일이다
성찬은커녕 자장면 곱빼기 얻어먹고 똥줄 갈기는 놈이
무슨 성찰이고 무슨 통찰이란 말이냐

똥창 맞는 놈끼리 추렴해서
똥탈 안날만큼만 길목 집 막걸리나 마실 일이다

배의 존재 의미

지나가는 배 사진 박아 보게
앞대가리 박으면 들어오는 배
뒤꽁댕이 박으면 떠나가는 배

포구에 세상 편하게
나자빠져 있는 배는
포구의 그림은 되지만
그냥 쇳덩어리여

어디론가 가고
어디선가 오고
비 맞고 바람 맞고
그물 내리고 그물 걷고
물 위에서 바삐 움적거리는 배

그게 진짜 배여

동지

언제 꽃은 피웠던가
언제 열매는 달았던가

산모퉁이 돌아가는 나그네 뒤로
벌써 눈발이 비치는구나

겨울 철새 우는 소리 가깝고
날도 저무는 구나

아직 멀었다 벌써 다 왔다
―나의 생

내가 쓴 글 다시 보니 절로 나오는 말

아직 멀었다

찬물 세수하고 정신 바짝 차리고 다시 쓰자
쓸 것 아직 수두룩하다

거울 속 쭈굴탱이 얼굴 하는 말

벌써 다 왔다

눈 내리는 날
―자화상

바람에 등 떠밀려
아득한 들길 걸었다

길 오는 동안
발 아래 떨어진 능금 하나 줍지 않았다
이삭 위 메뚜기 하나 나꾸지 못하고
후미진 산모퉁이 구절초
바라만 보았다

환한 세상 보리라 도회에 왔으나
사람 사는 골목 어둑하였다
높고 빛나는 것
곱고 즐거운 것들
약지 못한 기색이면 앵돌아져
고개 돌렸다

가게 방 탁자 위
마른 멸치 몇 개 놓고
근천맞게 어둠을 마셨다

칼을 들이대도 잔을 들면서
그거 들긴 드는 거냐고 웃었다

어쩌다 무명의 꺼칠한 시인을 만나
어깨동무하고 비틀거리기도 했으나
젖은 눈으로 웃고 살았다
사람들은 그의 쓸쓸함을 사랑하는 척했으나
그 쓸쓸함으로 그는 떠나고
등 뒤로는 눈이 내리기도 하였다

제 2부

정情

인연 1

여자가 절벽으로 달려갔다
남자가 급히 쫓아갔다
밤비가 세찼다
절벽 끝에서 낚아챘다
번쩍 번개가 쳤다
하얗게 젖은 여자 얼굴이 순식간에 들어났다
콰르르 천둥소리에 둘은 나자빠졌다

여학교 졸업식장
스님이 한 여학생을 먼발치로 보고 있다
하얀 얼굴이 거기 있었다

인연 2
―강원여객의 힘

쇠스랑질 곡괭이질 똥치는 일 다 했어도
마흔 넘게 장가도 못가고
방앗간 골방 혼자 껴안고 살던 박가 성님
세상 허망한 것 늦게사 깨우치고
퇴깽이 발맞추는 산고라당 찾아
눈 내리던 어느 날 마을을 떴더란다
부처님이나 모신다고

굽이굽이 구절양장 구절리가는 강원여객
부처님 미리 굽어 살폈는지
젊은 과수댁 옆에 앉게 됐고
어디 가냐 뻔한 인사 물어보고
삶은 감자 두어 개도 나눴더란다

아홉 고개 비탈길 덜컹대는 버스 안
쏠린 어깨 부딪히고 허벅지도 비벼대고
다리 후들거린 이 양반 얻어먹은 감자 은혜 갚는다
줄레줄레 뒤따라가
산그늘 덮여가는 산골다방에서

기어이 커피 한 잔 대접 했더란다

두세두세 긴 얘기 끝
부처님 모시고 살기로 한 것 하얗게 까먹고
과수댁 모시고 살기로 굳게 작정 했더란다
그날 밤 눈까지 펑펑 내려 어차피 암자는 오를 수도 없더란다

세상 버리러 떠났다가
세상 만난 박가 성님
쇠스랑질 곡괭이질 똥치는 일 밤일까지 열심을 내어
딸 둘 뽑고 막내는 아들까지 뽑았단다
암자 있는 그 산밭치에서
아직도 잘 산다더라

꽃과 바람과 비와 달

이곳도 바람 불어 벚꽃 날리고
밤비에 젖은 작은 나비들
창문에 붙어 내 작은 방 안을 드려다 보고 있네.

그대는 꽃 피었다고 사진 찍어 보냈지
바람이 꽃 다 떨어뜨린다고 전화하며 징징댔지
낙숫물 소리 듣고 있는 나에게
달도 사라져 볼 수 없다고
큰일 난 사람처럼 긴 문자를 보냈지

세상에
꽃핀다고 떨어진다고
바람 분다고 비 온다고
일일이 손 전화 드는 그대가 고맙네
염려 놓으시게
비 개이면 바람이 구름 쓸고
더 맑은 달 하늘 길 갈 걸세

봄바람 불어 꽃이 피고
그 봄바람에 그 꽃 지네

비석

아카시아, 밤꽃이 흐드러졌다
꽃 보러 온 두 젊은이
손 꼭 잡고 올라와 하나가 묻는다
어떤 비석?
김이박 중 하나지, 이 따위 것 어디 하나 뿐?
그들은 비석아래 잔디가 좋아 서로를 보며 누웠다

천둥번개 치고 서리 내리고
눈바람도 흔들어댔지만
각 지게 지키고 싶은 명예로운 성명 석 자
끌과 망치 불꽃 튀어 화상 입던 날 되새기며
푸른 이끼를 이고
오래 오래 버텨 온 세월

만고청사에 남을
중추부사 이 따위 공 함자
잘난 삶에 대한 그 따위 변명 아래
두 젊은이가 부르는 놀라운 이중창

아카시아 향내보다
밤꽃 냄새가 진했다

연정

네게 미치지 못하는 간격에
내가 미치더라도
네 창 바로 앞에 대추나무로 서 있고 싶다

밤새도록
내 가시 헛되이 허공 찔러
달 부스러기만 떨구더라도

조그만 철도역

좋은 사람을 못 만나
사랑을 못한 줄 알았습니다
그러나
내가 좋은 사람이 못되어
좋은 사람을 못 만난 거지요

매일 조그만 철도역으로
마중을 나갑니다
허전하게 돌아오지만
조금씩
좋은 사람이 되어 갑니다.

언젠가 좋은 사람은
좋은 사람이 된 나를
팔자 속처럼 찾아 들 겁니다.
이곳 이름 내 성명 석 자
기별하지 않아도

오늘 밤도
따뜻한 불빛을 다닥다닥 창에 달은 기차가
먼 기적을 울리며
별 쏟아지는 고개를 돌아
꼬리를 지웁니다

작은 별

보고 싶어 속으로만 골병들었네 간 곳 알 수 없으니 찾을 수도 없네 방파제에 누우니 하늘이 내려다보이네 잔물결소리가 꿈길로 철썩대지만 수천 개 별들이 와르르 쏟아지니 잠들 수도 없네 그 중 작고 파란 별 하나 되어 너는 나를 보고 있는가 그래서 가슴 아려 이렇게 뒤척이고 있는가 헛걸음이라도 네게 가는 걸음 떼보고 싶네만 하늘바다 천리만리 노 저을 수 있네만 당최 찾아갈 곳을 모르니 떠날 수도 없잖은가

새벽이 되니 더 멀리 달아나는
작고 파란별

어떤 사랑

바람이 거세기 때문에
비가 몰아치기 때문에
사람들이 밖에 나오지 않았다

강물이 불었기 때문에
물살이 사납기 때문에
사람들은 강둑 근처에 얼씬도 하지 않았다

둘은 강둑아래 계막에서 만났다
보고 들을 사람 하나 없어
고함치며 사랑했다
사방 십리 둘뿐이었기 때문에

서해가 멀지 않았기 때문에
바다로 가고 싶었기 때문에
둘은 부둥켜안고 흘러갔다
동네 사람 아무도 몰랐다
모처럼 느긋한 낮잠을 자고 있었기 때문에

강둑 옆 갈대가 더욱 푸르게 물결쳤다
비에 쓸리고
바람에 밀리고 있었기 때문에

밀물 넘실대는 보름밤

만월
만조

쑤셔대는 파도에 달이 갈려
온 바다에 쏟아지는 은가루
번들대며 일렁이는 물결
부푸는 밀물 넘쳐 질척대는 포구

너 발정나고
나 발광하는

산짐승

어푸러지며
어두운 골짜기를 따라
아랫마을까지 내려오다
보고 싶어 참지 못하고

짐승 같은 나를 보고
놀래지는 않을까
그래도 예까지 왔는데
불러내어 잡아 먹어야지

살굿빛 고인 창을 보며
서성거리다
파란 눈에 찍히는
어지러운 발자국

갑자기 동네 개 짖는 소리에 질겁하고
이번에는
산등성이로 내빼다
고꾸라지며

생보살

겨울 아침
법당마루를 물걸레질 치는 아주머니

해가 올라왔다
법당 안에 찬란히 빛나는
움직이는 보살

부처님
가부좌 푸는 눈치다

금 부스러기가
마루에 떨어진다

절 꾸벅 올리고
내가 먼저
따숩게 해 주고 싶다

밀회

나뭇가지에 걸린 달이 떨어지네
별이 문밖에서 서성이네
밤새 물질했던 숲이
풀잎에 수은방울 뿌리고 있네
새벽안개 뿌윰하네

토방 위 아낙의 신발
풀색 으깨져 젖어있네
어디 갔다 방금 돌아온 기색이네

제 3부

인人

변방 일기
—폭설

잔뜩 상을 쓰던 하늘이
견디지 못하고 손을 놓아 버리자
눈은 벌떼처럼 쏟아져 광장을 덮쳤다
골목에 숨어있던 사나운 바람까지 달려들어
광장을 물어뜯었다
바짝 겁먹은 버스 몇 대만 눈치 보며 기어가고
매표소 건물도 포장마차들도
눈보라 속에 납작 엎드렸다

"대포라도 한 잔 허고 가야지 그냥 가면 섭섭해서 어떡혀"
차표 사서 버스까지 탔으면 그냥 갈 일이지
동규 형 휴대전화 한 마디에 순댕이 성님과 나는
사람 몇 더 태우는 광장 간이정류장에 덜컥 내렸다
그 한 잔 때문에
오는 사람 눈길에 갇히고
기다리던 두 사람 편의점 구석에 갇혔다
오도 가도 못하는 우리 앞에
걱정스런 맥주병들만 굴러 나갔다

날 저물어서야 눈사람 하나 굴러들어왔다
광장은 눈보라 속에 늙은 군함처럼 침몰하고 있었고
수억의 성난 말벌들이 맹한 사람들 심판하겠다고
창을 때리며 으르렁거렸다
성님들은 무슨 죄 지었는지 모르겠지만
지난 일 년 저지른 오만가지 잘못
꼼짝달싹 못하고 하나님에게 혼구녁나고 있었다

우리는 반성하는 학생들처럼
얌전하게
술 먹는 과업을 수행할 수밖에

이튿날 아침
간밤에 혹 눈구덩이에 빠진 사람 없나 뉴스를 보니
죽을 죄 진 일은 없었던지 다들 멀쩡하였다
대신 집 앞의 나무가 눈 무게를 못 견뎌
척추가 꺾인 채 나자빠져 있었다

상당한 이유 1

칼바람이 전깃줄 끊어버린다고 잉잉대고 있었다
동규 성님이 전화했다
나와라, 한 잔 허게
산곡한테 전화가 왔다
동규 성이 나오라고 하네
청계한테도 전화가 왔다
동규 성이 한 잔 허자고 하네
심상치 않다
염병, 뭔 날인가 알아야 뭐라도 준비하지
궁금증에 결국 전화했다
성님, 오늘 왜 모인대유?

오늘? 추운 게

상당한 이유 2
—소리 한 대목

춘하앙아, 버엇고 노올자
아이이 서바앙님 오늘 왜 이러신대유?

오늘? 더운 게

안평옥 시인 인터뷰하러 갔다가

그럼 물어보겠습니다.
물어 본다고? 내 대답은 하나여, 아퍼.
예?
이 사람아, 물으면 아프다고
예.

한 대낮 두 사람은
진눈개비 질척대는 질목집
주전자물 칙칙대는 연탄난로 끼고
막걸리만 마셨다.

묻지도 물지도 않았다.

달근씨의 아픈 맘

 이년, 집안 우세시키는 년, 나가 뒈져라 이년
 아이고 나 죽네 아부지, 아이고고고 나죽어
 퍽퍽 매 때리는 소리가 하도 요란하여 정말 달근씨가 딸 잡는 줄 알았다
 작대기로 멍석을 뚜드리는 소리인 줄 대충은 짐작하고 있었지만

 이눔으 새끼 어디서 밥처먹고 있어 당장 집구석에서 나가라 이눔
 왜 이러신대유, 고정하세유, 예 나가께유 지금 나가유 예예
 그릇 부딪치는 요란한 소리 달근씨가 살림 다 부시는 줄 알았다
 빈 양재기 두엇 마당에 팽개치는 소리인 줄 짐작은 했지만

 달까지 밝은 밤 시골 동네에서 가끔 들리는 소리였다.
 이웃은 들은 척도 않고 개들만 싱겁게 들판 보고 짖다 말았다

길 안내

성님 고향집 찾아가는 길 물어보았습니다.
나들목 빠져나가 소나무 가로수 길 죽 따라가면
하얀 물탱크 보이고 거기서 우회전하랍니다.

나들목 나서니 사방이 소나무 길이고
하얀 물탱크도 여기저기 눈에 띄었습니다.
많이 애먹었습니다.

행사장 어떻게 오냐고 성님 전화 왔습니다.
나들목 빠져나와 벚나무 가로수 길 지나서
하얀 빌딩 나오면 좌회전하라고 알려줬습니다.

탁씨의 예술

동네 꾸민다고
화가들이 담장에 그림을 그렸다
안에 감나무 열두 그루나 선 긴 담에는
분위기 살린다고 여름 내내 감나무를 그렸다
길 가던 사람들 그냥 지나갔다

가을되어 잎사귀 다 떨어지고
홍시 몇 개가 새들 처분 기다리고 있었다
노을 고운 어느 저녁
길 가던 사람들 모두 섰다

하늘 보고 진짜 감나무 몸통을 보았다
숨어있는 구절초 몇 송이도 보았다
감나무집 주인 탁씨
그날 한 나절
담장 몽땅 허물어 버렸다

춥지 않은 밤

별도 졸려 끄물대는 오밤중
한 잔 생각나 혹시나 하고 전화했다

성님, 자?
자는 놈이 어떻게 전화 받냐?, 시방 어디냐?

정

한 달에 한두 번
수퍼에서 소주 오징어 사들고
한성여관에 같이 갔다
마시고 얘기하다 같이 잤다

날 정한 듯 가끔
같은 사람과 같이 오는
두 남자를 보고
여관주인이 이상하게 생각도 했을 것이다

영산포댁 등 떠밀 때 쯤
느닷없이 성님 하시는 말씀
너 자구 갈래, 맞구 갈래.
약골이고 못났지만
내가 맞고 다니는 사람은 아니었다

그리운 시인

불현듯 성님 나 기차 탔어 전화하고 내려오는 시인이 있다
나는 시간 맞춰 정거장에 마중 나갔다

오늘 내가 전화했다
요새는 왜 기차 안타냐 정거장에 가고 싶은데

오늘은 성님이 타면 안돼?

급히 입성을 꿰고 나섰다
역驛사 끝 단풍이 노을에 자지러지고 있었다

둘이 시 하나 쓰고 있었다

열대야 끝나던 밤

해인사 문학행사
초저녁부터 마신 술에
형님, 선배님, 선생님을
아우님, 후배님, 제자님으로 만들어 버린,
누님도 여동생으로 만들어 버린,
천안서 온 의사선생 호탁 작가
오밤중이 되어도 일어날 생각이 없다
여관으로 돌아가자고 사정사정해도
옴짝달싹 않는다

동생 미선이가 된 누님 미서가
조용히 다가가더니 등을 토닥인다
우리 같이 들어가 자자
엥?
벌떡 일어나더니 휘적휘적 따라나서며
세상이 뒤집어졌나, 여자가 먼저 같이 자자고 하네?
모두 다 정말 뒤집어 진다
누님도 허리를 꺾는다
숲도 머리 흔들며 쏴와 쏴와 웃어젖힌다

폭염경보가
한 달 가까이 계속되던 열탕의 여름
참으로, 모처럼
삼십오 도가 십팔 도까지 곤두박질친
시원했던 밤

참 귀여운 아우
―남호탁 시인

너 죽을래? 누나한테
아이구, 가슴 아퍼 죽겠다

가슴도 없는 게
자꾸 가슴 아프디야

변방일기 1
―최영 성님의 심각한 말씀

하이고 니미 그 뭐시냐 거시기 있잖냐 <u>흐흐흐흐</u> 하이고 환장하겠네
 아 그거 있잖어 거시기 말여 임마 하이고 이 밥통 같은 놈 그것도 몰라?
 하이고 술이나 한 잔 후딱 딸어 임마

 나는 성님의 고맙고 크신 가르침에 젖은 가슴으로 공손히 잔을 채워드린다

변방일기 2
—세상의 이치

박시인, 소시인이 문학상 받던 날
그 상금 뺏어 먹는 뒤풀이
담배 한 대 꼬나무니
옆에 있던 김학 선생 어깨에 힘주며
아직도 못 끊었냐? 나는 오늘이 딱 금연 일주년 되는 날인디
어떻게 끊으셨대유?
별 것 아녀. 안 피면 되야
그 것 참 간단허네유, 그럼 금주하려면 안마시면 되것네유
암만
앞에 있던 재호 성님, 잔을 탁 놓더니
안 죽는 방법도 있지
예?
숨만 계속 쉬면 되야

금테 두른 사모님

초포선생 부인 성함은 오금태다
혹 부인 얘기라도 나오면
경위도 금테 하나 밖에 못 두르는데
금테 다섯 개나 두른 여자
데리고 사는 놈 있으면 나와 보라고
때까우 큰 소리로 꺼욱꺼욱 요란하다

허리 아픈 남편 뼈 주사 맞히려
뼈 시리게 추운 겨울 어둔 새벽
하루도 빼먹지 않고
몇 달을 남편 모시고 서울행 고속버스 오른
금테를 다섯 개나 두른

높디높은 사모님

산곡山谷

내 동무 이름이다
이름이 시적인 것처럼 글도 좋다
뽑아내는 판소리 가락 시원해서 더 좋다
발음 나는 대로 나는 그를 산고기! 라고 부른다
헤엄치는 물고기가 아니고 산에 사는 산고기가 된다
냄새나는 죽은 고기가 아니고 뛰고 달리는 산 고기라 더 좋다

서재균 선생 소변보러 가시면서

내가 이 나이에 직접 가야겠냐?
니가 대신 가면 안되겠냐?
에이 드러봐서, 내가 이 밤중에 꼭 나가야 허겠냐?

멋진 화가 선생

딸내미 고뿔 약 사러 동네 약방에 나갔다가
그 길로 만주에 가 삼 년을 떠돌아다녔다는
존경스런 화가 선생

둘이 꽃그늘을 걷고 있는데
몇 사람이 술자리 벌이고 있었다
야, 너 정말 오랜만이다
그 중 한사람과 반갑게 손잡고 흔들어 대더니
선생은 바쁘게 잔을 나눴다
나중엔 어깨동무하고 춤까지 추었다

그들과 헤어진 후
얼큰해진 선생께
그 사람 누구유?

글쎄다, 도대체 누구더라

안도하게 하는 안도형님

안 돼!
절대로 안도할 수 없는 이 말을
안도 형은 여간해서 하는 법이 없다
그래서 늘 편하게 물어보고 부탁도 한다

서울서 유명한 손님들이 온다는 인근 시의 문학행사
체면을 차려야 하는 건지 체면을 차려 줘야하는 건지
가야할 것인지 말아야 할 것인지

안 돼!
와달라고 사정도 않는데 뭐 하러 가냐?
병따개도 갈 거 없어!
모처럼 단호하게
한마디로 잘라버리는 형님

그래서 나는
안 가도 되겠구나 후유하며 얼른 병따개를 든다
옆에 있는 몇 시인도 모두 안도하는 눈치다

소 같은 놈

내가 아는 그는 법 없이도 산다. 좋은 사람이다.
내가 아는 그녀는 법 없이도 산다. 좋은 사람이다.
내가 아는 시인들은 모두 법 없이도 산다. 정말 좋은 친구들이다.

나는 법이 있어야 산다.
없었으면 벌써 죽었다.

제 4 부

곳所

승부역*

아득한 벼랑 가 하늘에
기찻길 걸고
성냥갑 같은 역사 하나
매달아 놓았다

산골 물소리 듣다가
기지개 한 번 펴고 가는 기차는
올라오는 차 한 번
내려가는 차 한 번

단 한 명 역무원이
그 기차로 왔다
그 기차로 간다

심심한 역무원이
세월아 내월아 새겨 놓은

---

* 경북 봉화군에 위치한 한국 최고의 오지 역, 지금은 역무원 하나 상주하지 않는 곳이다.

영원 같은 짧은 시

하늘도 세 평
꽃밭도 세 평

메일전, 막걸리를 들고
한나절 골짜기를 오른 늙은이 몇
세 평 꽃밭
구경하는 사람들을
구경하다 내려간다

물살은
깊은 골짜기 더
깎고
하늘은 더
멀리 달아나고

진안 백운고원 소묘

천 미터 이상 산봉우리가 다섯 개나 있는 곳
한 방울 물도 구름 위 하늘 아니면 받지 않는 곳
그 하늘 물 섬진강으로 금강으로 사시사철 흘려내려 베풀기만 하는 곳

여전히 물방앗간이 있는 곳
백운골 데미샘 신암골 세 골 물 합쳐 힘 좋게 방아 쪄대는 곳
지름 세 자, 두께 한 자 가웃, 황소 같은 소나무 날개 마흔 일곱 개나 돌려대는 곳
물건 좋고 힘도 좋은 도루메 물레방아, 보기만 해도 아랫도리 힘이 들어가는 곳
윗마을 산나물 캐는 아줌니가 괜히 젖몸살 해쌓는 곳

세상에서 능금이 제일 단 곳
그래서 바지런한 젊은 면장이 더 바지런을 떠는 곳

군에 단 두 집밖에 없다는 여余씨네 여태명이 최 씨 처자 짝사랑했던 곳

그 처자 보고파 눈보라치는 흰 바위 날맹이를 혼자 넘던 곳

전영태 선생의 매가 하늘 한 점으로 떠있던 곳
점이 깨지고 직선 되면 꿩도 퇴깽이도 머리 쑤셔 박던 곳

백운농장에서 밥 먹으면 쓰디쓴 흑삼黑蔘주를 주전자로 퍼주는 곳
내려오는 산길 옆 붉은 산딸기가 지천인 곳
익다 익어 저 혼자 꼭지를 떨구는 곳
산가시내의 웃음소리가 물소리처럼 부서지는 곳

계남정미소 안마당 김지연 씨가 꾸민 박물관이 있는 곳
스물일곱 전순이 씨가 수줍게 웃고 있고
이정상 정효순 씨 처녀총각 연애시절이 흑백으로 걸어 나오는 곳
한 동네 오롯한 얘기가 전설로 들어 박인 곳

흰 구름 끝자락 솥내마을 손내옹기가 있는 곳
이현배 씨가 부인과 함께 마령 흙, 백운 장작으로 투가리 굽는 곳
아직도 가랑이 쫙 벌리고 앉아 손으로 독 빚는 곳
고집쟁이 내외가 구도求道하는 곳

무명속곳이 찢어져도 허허 웃는 사람들이 두세두세 사는 곳
내 누더기 몸땡이 순정한 그 계곡 물에 차마 헹굴 수 없었던 곳
뻗정다리 되어 떠나기 힘들 던 곳
골골촬촬여울물소리 지금도 들려 자다 벌떡 일어나게 하는 곳
구름 윗동네 그곳

장마 비
—삼천포 늑도

오락가락 장마 비가
회색바다 위에 회색을 덧칠하고 있다
빌 만한 잘못도 없는 늑도는
작정하고 길게 엎드려 뻗혀
종일 흐린 물에 코를 박고 있다
운무 속 뿌연 수평 위로
재색 갈매기 한 마리
소리 없이 진회색 대각선을 긋고 있다
날 궂은 저녁나절
손님 없는 횟집 대책 없이 썰렁하다

다리 아래 횟집 젊은 남해 댁
그물에 혼자 걸려 파닥대는 물고기
소주 먹고 몸 떨며
힘든 세상살이 토해내는 말미잘 입술만
제가 만든 초고추장처럼 빨갛다

흑산도

하나님이 작정을 하고 돌을 깎고 다듬은 다음 시퍼런 물을 양동이 째 들어부어 넓은 바다 배경색을 칠하고 나서 그 위에 얹어 놓았더니 보시기에 심히 좋았더라 지금도 그곳에 가 한 바퀴 돌아보면 그 풍광이 너무 고와 시인묵객이 붓조차 들지를 못하더라 그래서 그런지 모든 마을이름도 다 아름다울 미 美자, 미, 미, 미로 끝나는데 시계 반대방향으로다가 차례차례 이름만 불러보아도 씨잘데 없는 시보다 백배 천배 낫더라

관아가 있어 떵떵거리고 힘깨나 쓰던 고을이었다지? 고을기미
그래도 천마산의 천 마리 말 양기를 모두운게 낫지 모듬미
전디미, 맨듸미 돌아 넘어 곤드레 취하고 싶은 곤듸미
뭐 섬에 그렇게 깊은 골짜기라고 지푸미
해변에 모래 많은 모래미
수티미 넘어서니 너는 더 고운 모래를 깔았구나 잔모래미
산 아래 여태 취해 누웠느냐 여티미
안다, 안다 이 섬이 사철 푸르러 앞으로 푸르미
라고 부른다는 청재미
바다 건너 액이 있어 다른 사람 오지 말라는 액기미

섬 한 바퀴 돌아 결국은 새 입 같은 너에게로 안기는 구나, 예미
아이고, 하나 빠트렸네! 니기미*
몽돌자갈밭 배가 닿는 곳, 배낭기미
내 한 여름 배낭 메고 '검은여' 사랑하려 다시 오마 배낭기미

흑산도 섬 하나에 어찌 이리 고운 이름 많았더냐 한 시인이 후세에 남을 시 한 수 깎는다더니 너희들 이름만 이름만 부르다 부르다 눈물 쑥! 빼고 육지 가는 배 후딱 타더라

* '니기미'하나는 마을이름이 아니고 시인이 스스로를 자책하며 내뱉은 쌍말이었더라.

밤바다, 고군산열도

별이 튕기는 밤하늘
잔물결 일렁이는 찬 바다
이때다 싶어
북두별들이 단체로 바다에 뛰어내려 일 저질렀다
검은 머리 출렁대며 멱 감는 미역 숲 사이사이
그물에 걸리기로 작정한 몇 마리 빼고
수만 마리 물고기들 비늘 세우고 수백억 알을 슬었다
뒤척이고 펄떡이고 사랑잔치 벌였다 밤새도록
서둘러봤자 이튿날에나 도착할
칭다오로 가는 배 덩달아 흥분하여
별 보며 이일 저일 걱정거리에 잠들지 못하는
별 볼 일 없는 보따리 장사꾼들 먹살 틀어쥐고
섬 징검돌 첨벙대며 바쁜 척 빠져나갔다

그 밤 괭이갈매기 한 쌍
벼랑 끝에 붙들어 맨 작은 오두막
새끼들 찬바람 막아주려 문풍지 덧대고 있었다
어린 것들도 아는 체 가끔 뻑뻑대며 잠 짓을 했다

진미珍味

모처럼 선배 시인 몇 모시고 아중리 매운탕 집에서 점심을 했다
 역시 새우탕에는 흙냄새가 좀 나야 혀
 암만, 보신탕에는 불내가 좀 나야 허득기
 나도 한 마디는 해야겠는 데
 배고프면 먹는 놈이라 이 양반들처럼 참맛을 모른다
 얼떨결에 한다는 말이
 아문요, 순대국에는 돼지 똥내가 좀 나야지유

눈보라치는 항구

 서해바다가 던져대던 칼바람 끝에 벌떼 같은 눈이 뒤따른다. 등치 큰 하굿둑도 별수 없이 등허리 다 내놓고 눈바람 호되게 얻어맞는다. 무단시 무슨 일 있는 척 나포나루만 쳐다본다.
 엎드려 처분만 기다리던 째보선창 고깃배들 싸대기 쳐대는 파도에 고개 처박고 얼어붙는다.
 바다 못 나간 어부들 어둑한 술청에서 소주 깔 때 흑백사진 속 월명공원이 뿌옇게 뜬다. 산보 나온 사람들 가게 안 몰려들어 우두망찰 밖을 본다. 회색 하늘 더 무거워져 시내로 내려가 바닥에 깔린다.
 개새끼만 서너 마리 뛰어다닌다.

 바람 등에 업고 수억의 하얀 벌떼들이 샅샅이 고샅 훑는다, 벌침 박겠다고 기세등등 빈해원賓海園 자빠뜨리고 대정국수집 덮친다. 바짝 겁먹은 버스가 승객 몇 짊어지고 엉금거리고 뒤따르는 택시도 에미 뒤 갓난아기처럼 꼼지락거린다.
 비스듬히 젖혀진 노선 표지판이 바람에 고개 꺼덕인다. 죽어도 사랑이 좋다는 듯 연인 한 쌍이 팔짱끼고 중앙동 거리를 헤맨다. 종내 미끄러지고 시시덕거리며 가까운 여관으로 사라진다.

개새끼 네댓 마리 신나서 이리저리 경중댄다.

시인들 몇 나운골 주점에서 막걸리를 벌컥댄다. 접드락 술안주로 물메기탕 양은냄비에 육수만 부어댄다. 즘잖은 정수도 지가 주인인지 객인지 잊어버리고 마셔댄다. 무능은 죄가 되지 않는다고 너스레떠는 그들. 머잖아 무릎까지 차오를 눈은 잊고 열 오른 심회를 짖어댄다. 난로 위 찌그러진 주전자가 한숨을 푹푹 쉰다.

눈보라치는 항구 개들만 신나는 게 아니다.

눈 오시는 하제

가을걷이 엊그제 같은데
간사지 들판에 벌써 싸락눈 비친다
아랫녘 바닷가, 눈 많은 고장인 탓이다

개펄에 누운 늙은 고깃배 두어 척
그대로 풍경이 되는 마을 끝
이름뿐인 선창, 한때
어부들 웃음소리 드높았다는 오두막 주점
오늘 장사도 될성부르지 않다

고향 보자고 찾아든 친구 위해
짚검불 타닥대는 아궁이 앞에 쪼그린
시인은 소주에 피조개를 시킨다

다른 조개는 다 구어 먹어도
피조개만큼은 생으로 먹어야 혀
피도 먹어야 혀
그렇게 잔이 오가다보니
소주 몇 병은 일도 아니다

조그만 눈 봉우리 된 뒤껕 두엄자리 우에
오줌발로 우리는 무슨 글자 쓰는가
싸락눈은 고대 함박눈이 되어 있었다

임이 짐작하소서
―삼천포 연육교 아래 모텔

술 마신 놈 새벽되면 오줌통 터지는 건 당연한 법
화장실 찾아 시원하게 갈기고 다시 잠든 죄밖에 없다

존경하는 대시인의 존안에
언감생심 방뇨를 꿈이나 꾸었겠나
그런데 초포선생 오줌벼락을 맞았다고 엄살을 떠시더니
시집에 이 얘기를 덜컥 써갈겨버렸다

"내 머리통에다 오줌발을 내갈기던
술탁백이 글쟁이"

아니 아니 이런 말도 안 되는 낭패가 어디 있나
사랑하는 대 성님에게 이런 불경이 또 어디 있나
아니 아니 성님은 여관방 아랫목이나 한 가운데 떡하니 주무실 일이지
뜬금없이 뭐했다고 하필이면 문간 화장실 앞에 누우셨나

이용찬 선생 위로의 말씀으로 가라사대
그 사람 원래 여우비보고도 장마 든다고 하는 사람여

그려도 그렇지 대갈통님에 오줌발 놈을 갈기다니
아니고 아이고 나 죽겄네
고개를 어찌 들고 시인 성님들 어찌 보나

(혹 급한 김에 한 두 방울 떨어뜨렸다고 하면 그래도 또 모르겠다)

임아 임아 온 놈이 온 말을 하여도 임이 짐작하소서

전주

전작이 있어 잔을 좀 꺾었더니
전주에서는 전주가 있다고 해야 된다는 것이다
그려, 전주에서는 자주 전주를 하고
전주사람 괴롭힐 테니 그리 알라고 했다
전주 밑에 소피도 보겠다고 했다

오모가리탕집에서

전라도는 전라全裸로 화끈하게 준다
이왕 주는 거 홀딱 벗고 팍팍 돌려가며 준다
고춧가루도 퍽퍽 마늘도 듬뿍듬뿍

온 놈이 먹겠다고 숟가락 꺼덕대며 달려든다

아라가야伽倻
— 함안, 아라가야 고분에서

아라가야
모르고 있었네, 잘

아득한 신화가 일어나
어깨를 다독이며
긴 얘기 들려주는
아라가야

알아가야겠네, 제대로

초원의 별
―대평원에서

천막 안이 추워 소똥 몇 개 난로에 집어넣고
오줌 누러 문을 열자
자칫 발 헛디뎌 밤바다에 빠지는 줄 알고
양손 들어 자세를 잡았다네
땅과 하늘 경계가 없어진
끝없는 별바다에 내 천막이 떠가고 있었네
잔잔하게 빛나는 수억의 물결 사이로
내 작은 배는 밤새 가는 곳도 모르고 가고 있었네
내 어깨 위에도 아래에도 별
천지사방 별비가 쏟아지네
오줌 누는 내 거시기 아래에도 별들이 깜빡이는 것을
태어나 처음 보았네

유목민 형제들

몽고 갔을 때
많은 시인들이 모였다
넓은 나라라 어떤 시인은
모임 오는데 말 타고
사흘이나 걸렸다고 한다

함께 건배하기로 했다
한국말로 어떻게 하냐고 묻기에
내가 위하여! 하면
모두 예, 성님! 하라고 가르쳤다
세 번이나 연습시켰다

마침내 내가 잔을 높이 들고
위하여! 외쳤다
모든 유목민의 후예들이 다함께
예, 성님!
우렁차게 답 했다

대초원처럼 넓은 식당이
떠나가는 줄 알았다

미역 냄새나는 가슴
— 야미도리夜味島里 여인

아무리 쳐다봐도 푸른 물결뿐이다
 여자는 창가에서도 물 속 숭어 떼 올라가는 것을 본다 태어날 때부터 같은 바다만 보고 살았으니 그럴 수밖에 없지 않겠냐고 웃는다 바닷바람 이는 눈매가 시원하다

 까치놀이 스러질 때 가슴 쑤셔대는 육지 꿈에 마냥 바닷가를 서성거렸다 사리 때면 성큼 토방 아래까지 들이닥친 물이 배 위에 넘실거렸다 달빛바다 수억의 별 싸라기 쏟아지면 그걸 온몸으로 받고 밤새 뒤척거렸다 등대불이 이리저리 창호지문을 그을 때 여자 몸뚱이도 이리저리 베어지며 헐떡거렸다 태풍에 포구가 찢길 때 바다 나간 사람 기다리던 여자 가슴도 찢겨나갔다 그리운 사람 몇 수평선 너머로 사라졌다 그렇게 바다와 뒹굴며 살았다

 아무리 바라봐도 푸른 물결뿐이다
 여자는 포말 속에서 숭어 파드득 꼬리치는 것을 본다 평생 같은 바다만 쳐다보니 그럴 수밖에 없지 않겠냐며 웃는다 아직 이빨 하얗고 종아리 반듯하다 미역 냄새 펑펑 나는 가슴, 빠져 죽더라도 풍덩 뛰어들고 싶은

변방일기 3
―영월, 우담바라 피었다고

군수 성님
여류시인 데리고
앞산 묏등 뒤로 갔다
짱짱한 대낮에
우담바라* 본다 핑계를 대고

벌겋게 물든 화상을 하고
산곡山谷 잔을 들며
오매, 단풍 들겄네
오매, 검불 묻겄네

소주素舟 성님 소주병만 바라보며
월경소주** 어디갔어? 아흐 아흐

만도晩島 선생 점잖게 문자 속 제대로 따지라며
아흐 다롱 디리

---

* 2007년 10월 6일, 한국시인대회가 열렸던 영월의 난고 김삿갓 묘소 뒤에는 실제로 우담바라가 피었다고 하며 그 사진을 찍어 온 일행도 있음.
** 강원도의 향토소주였던 경월소주는 이제는 문을 닫았는지 찾을 수 없음.

아흐 넘의 다리

난고 선생 벌떡 일어나
생도들은 재미씹이고 生徒諸未十
선생은 내불알이다 先生來不謁

청령포의 별

영월 서강
맑은 밤

긴 한숨
강바람에

후두둑
물결 위로

쏟아지지는
어린 왕의

반짝이는 눈물
눈물

강경옥

키 작은 처마가
고개를 더 수그리는 골목 끄트머리
들판 바람 혼자 다 받고
강경옥 미닫이문이 덜컹대고 있었다

희미한 불빛은 새 나오지만
술청에 인기척 없다

갓개댁 또 애간장 타는 일 생겼는가
속 터지게 별들만 우수수 쏟아지고 있었다

옴팡집

할머니는 생선 껍데기 벗기고 있었다
할머니! 불렀더니
나 지금 심들어, 왜 불러?
오줌 싸는 디 워디유?
썩을 놈, 뒤로 가서 외약다리 들고 싸

뒷문을 여니
아득한 호남평야였다

| 해설 |

오래된 미래, 원초적 정情의 세계

복효근
시인

 우리는 지구 온난화로 전례 없는 환경재앙을 겪으며 어려운 시기를 보내고 있다. 게다가 AI로 불리는 인공지능이 인간의 사고를 대체하는 과정 중에 있는 가운데 우리의 마음은 그 어느 때보다 혼돈 속에서 갈피를 잡지 못하고 있다. 이러한 상황 속에서 나온 호병탁 시인의 이번 시집은 인간미가 흐르는 전통사회에 대한 향수와 따뜻한 서정이 담겨있고 또한 우리가 겪고 있는 여러 혼돈에서 벗어나 귀의할 수 있는 근원적 정서가 온축되어있다.

 그곳에는 지금도
 일없이 단풍잎 떨어지고
 강물은 금빛 비늘 털며
 제길 따라 바다로 가고

>노을 비낀 하늘 가
>한 줄기 철새 떼 걸리고
>밭일 끝내고 돌아가는 강둑길
>아낙의 소쿠리에 파 몇 단 짙푸르고
>
>사람들은 살다가 동네 마실가듯 가고
>
>―「고향, 저녁나절」 전문

　떠나온 뒤에야 그 무한한 값을 알게 되는 곳이 있다. 고향이다. 그곳에는 가을이면 "일없이" 단풍잎이 떨어진다. 마을 앞 강물은 제길 따라 "금빛 비늘 털며" 바다로 간다. 때가 되면 "노을 비낀 하늘가"로 철새 떼 날아간다. 누가 시킨 것도 아니고 특별할 것도 하나 없다. 원래 그래왔고 앞으로도 그러할 것이다. 자연이다. 자연의 순리고 섭리다. 인간도 그 속에서 자연의 일부로 살아왔다. 단풍잎이 그러하듯이, 강물이 그러하듯이, 철새가 그러하듯이 순리대로 살아왔다. 아낙은 밭에서 일하다가 해가 저물면 소쿠리에 파 몇 단 담고 집으로 돌아간다. 그 소박하고 욕심 없는 삶의 평화로움이라니!

　시는 두 연으로 구성되고 있다. 첫 연은 고향의 풍광이 순차적으로 구체화되며 묘사된다. 하늘과 강, 그 위를 나는 철새 떼, 그리고 파 몇 단 담긴 아낙의 소쿠리…. 그러나 둘째 연에서는 이 고운 풍경화 위에 시인의 한 줄기 사유가 진하게 칠해진다. 세상 만물이 그러하듯이 인간의 생애에도 반드시 끝이 있다. '죽음'이다. 그런데 마을 사람들은 "동네 마실가듯" 세상을 떠나간다. 아무렇지 않게 그야말로 자연의 순리대로 섭리대로 살다가 때가 되면 동네고샅의 동무에게 놀러가듯 또 가고 마는 것이다.

그러나 그것은 그때 '그곳'에서의 이야기다. 지금 '여기'가 아니다. '여기'는 24시도 모자라 25시 편의점에 환하게 불을 밝혀 낮과 밤을 구분하기 어렵게 되었고 어느 순간 딸기가 겨울 제철 과일이 되어 계절의 순서도 뒤바뀐 지 오래다. 돈, 돈, 돈 하면서 인간들은 무한질주의 대열에서 허덕이고 있다. 자연에 대한 인간의 폭력행사의 결과로 지구온난화는 가속화되고 이로 인해 수시로 기상이변이 일어나고 전에 없던 기상재앙이 일상화되고 있다. 우리가 겪었던 코비드 팬데믹도 그 연장선에 있다. 여기가 우리의 현주소다. 따라서 이 시는 평화로웠던 옛 고향을 한가롭게 그리고 있는 시가 아닌 것이다. 우리가 잃어버린 것이 무엇인지 묻고 있는 시다. 우리가 회복해야 할 가치가 무엇인지 생각하게 하는 시다. 우리가 돌아가야 할 미래가 어딘지 그 좌표를 검색하는 시라고 할 수 있다. 그 좌표를 찾는 검색어로 시인은 맨 먼저 자연의 순리를 꼽는다. 늦었을지 모른다. 하지만 늦었을지라도, 늦었기 때문에 시인의 시는 더욱 간절하게 '오래된 미래'를 찾는다. 그리고 그 오래된 미래에는 인심과 인정이 있다.

개 혀?

예

소주나 한 병 차고 건너와

매미가 성님 인심 좋다고 동네방네
왜장질러 쌓던 날

바가지로 땀 흘리며
그중 시원했던
날

- 「말복」 전문

  농경사회를 지나오면서 소나 말은 재산이면서 운송 수단이고 생계를 이어줄 주요한 농사 수단이었다. 돼지도 가산 목록에서 중요한 위치를 차지하였다. 닭은 중요한 명절이나 행사 때에나 잡아먹던 가축이었다. 함부로 어쩌지 못하는 가축이었다. 한편에 개가 있었다. 애완용이나 사냥용도 아니고 번식력이 좋은 잡견은 봄과 여름을 지나며 농사일로 지칠 대로 지친 육신을 보할 단백질원이었다. 전통 농경사회의 풍습을 얘기하는 것이다. 개를 잡으면 이웃을 불러 함께 나누었다. 지금이야 개를 식용하는 것을 법으로 막는다고 하지만 엄연히 그래왔다. 함께 나누었던 '그때 그곳'의 이야기다.

작품은 두 사람의 대화로 문을 연다. 아주 짧다. 평소에도 개고기를 먹느냐는 질문은 단 두 음절 "개 혀?"가 전부다. 이에 대한 긍정의 답도 단 한 음절 "예"가 전부다. "소주나 한 병 차고 건너와"라는 말에는 초대에 따른 훈훈한 답례까지 넌지시 알려주고 있다. 이 짧은 세 마디 말이 첫 연의 전부다. 그러나 이 대화에는 인심과 정이 넘치고 있다. 그래서 말복이었던 그날, 매미도 "성님 인심 좋다고 동네방네/ 왜장 질러" 쌓고, 땀을 바가지로 흘렸지만 "그중 시원했던 날"이 되지 않았던가.

개 식용 문제와는 관계없이 시인은 "인심"을 말하고자 하는 것이다. '인정'이라 표현해도 좋을 것이다. 시인의 이번 시집을 관통하는 주요 키워드는 '정'이다. 온통 정으로 가득 채워져 있다고 해도 무방할 것이다. 오래된 미래엔 정이 있다. 인심이 있다. 거꾸로 말하면 정이, 인심이 없으면 우리가 돌아갈 오래된 미래는 없다는 말이기도 하다.

> 작년 그러께 아버지와 함께 구두를 샀다.
> 신발 문수도 같고 꾀까다롭지도 않은 두 사람
> 발 편하면 됐지 같은 걸로 사버렸다
> 나는 발 편한 구두를 신고
> 빨빨거리고 나 다녔다
> 바람 맞고 눈비 맞고
> 술 먹고 비칠대고

어떤 때는 굴러오는 공도 냄새 차 질렀다.

전번 공일 모처럼 아버지 뵈러 갔다.
점심 들고 경로당 마실 가신 아부지
신발을 바꿔 신고 나가셨다
아, 이제 많이 늙으셨는개비다.
당신 것과 아들 신발도 구분 못 하시다니
크게 걱정하며 돌아와
발 편한 당신의 구두를 신고
또 온갖 곳 싸질러 다닌다.

어머니를 통해 나중에 알았지만
잔칫날 출타하실 때
딱 두 번 신으신 아버지 구두

-「발 편한 신발」전문

 화자는 몇 년 전, 신발 문수도 같고 둘 다 까다롭지도 않은 성격이라 아버지와 함께 똑같은 구두를 사 신었다. 화자는 그 구두를 험하게 신고 다녔다. 그런데 아버지를 찾아뵈러 갔던 지난 공일, 경로당 마실 가시던 아버지는 "신발을 바꿔 신고" 나가셨다. 화자는 당시 "당신 것과 아들 신발도 구분 못 하시다니" 하며 이제는 많이 늙으셨는가 보다고 잠시 걱정했지만 돌아와 곧 잊어버리고 이번에는 아버지의 구두를 신고 또 온갖 곳을 험하게 돌아다녔다. 그런데 나중에 알고 보니 그 구두는 "잔칫날 출타하실 때/ 딱 두 번 신으신" 구두였다. 아버지는 과연 연로하셔서 자신과 자식의 구두를 구분하지 못하셨을까? 화자는 자신의 어떤 견해도 밝히지 않는다. 그저 일어났던 일을 토로할 뿐이다. 그러나 우리는 말 한마디 없이 자식에 대한 진한 정을 보여주신 아버지를 절감하게 된다. 정은 논리로 표현하기 어려운 지점에 있다. 어떤 교훈과 훈육, 가르침보다 무서운 힘이 있다. 때론 그걸 그리움이라고도 하고, 상황에 따라 우정이라고도 하고 연정이 되기도 한다. 다른 말로 표현하면 사랑이다.

그러면 어머니의 사랑은 어떠하셨을까. 더하면 더했지 못하지는 않으셨을 것이다.

    어렸을 때
    집에서 나가라는 것은 가장 겁나는 벌
    나는 다행이 집 쫓겨날 정도로 쌈박질도 연애질도 못했다
    더더욱 고마운 건 나에게는 맘 여린 어머니가 계셨다

    말 안 듣고 앞강에서 멱감다 빠져죽을 뻔 했을 때
    회초리 단 두 대 때리고 돌아 우시던
                    -「어머니의 아픈 맘」 전문

어렸을 때 "집에서 나가라"라는 벌을 받는 것은 정말 가장 무서운 벌이었다. 시인은 밖에서 그렇게 사고를 치고 다니지는 않은 것 같다. 그 "가장 겁나는 벌"은 받지 않았으니 말이다. 그러나 평생 잊지 못할 벌을 받은 일이 있다. 시인의 고향은 부여 '금강' 가다. "앞강"이라 부르는 것을 보니 '뒷강'도 있을 것이다. 전자는 금강 본류일 것이고 후자는 지류가 될 것이다. 금강의 본류면 강은 넓고 깊은 곳이다. 그 위험한 곳에서 말 안 듣고 "멱감다 빠져죽을 뻔"한 일이 있다. 큰 벌을 받아야 할 상황이다. 회초리 맞는 벌이 되었다. 그런데 무서운 얼굴로 회초리를 휘둘러야 할 어머니는 겨우 "단 두 대 때리고" 돌아 우셨다. 어머니의 눈물에는 무사히 돌아온 아들에 대한 감사와, 아끼는 귀한 아들을 때려야 한다는 안타까움이 배어있다. 화를 내는 대신 "돌아 우시던" 어머니의 모습이 가슴 아프게 다가온다.

시인의 시편 많은 곳에는 술과 관련한 일화가 등장한다.

한 달에 한두 번
수퍼에서 소주 오징어 사들고
한성여관에 같이 갔다
마시고 얘기하다 같이 잤다

날 정한 듯 가끔

같은 사람과 같이 오는
　　두 남자를 보고
　　여관주인이 이상하게 생각도 했을 것이다

　　영산포댁이 등 떠밀 때 쯤
　　느닷없이 성님 하시는 말씀
　　너 자구 갈래, 맞구 갈래
　　약골이고 못났지만
　　내가 맞고 다니는 사람은 아니었다

　　　　　　　　　　　　　　　　-「정」 전문

　성님, 아우하는 사이인 두 남자가 "한 달에 한두 번" 술과 안주를 사 들고 함께 여관에 들어 "마시고 얘기하다 같이 잤다" 날 정한 듯 "같은 사람과 같이 오는" 두 남자를 보며 "여관주인이 이상하게 생각도 했을 것"이다. 실상 둘은 이미 영산포집에서 주모가 등을 떠밀 때까지 한 잔한 상태였다. 아우를 붙잡는 성님의 "너 자구 갈래, 맞구 갈래"라는 물음과, "내가 맞고 다니는 사람은 아니"라는 답에는 기지와 해학이 넘친다. 그렇게 성님과 아우는 밤새 정을 쌓고 정을 확인했던 것이다. 지독한 우정이다. 우애다.

　　잔뜩 상을 쓰던 하늘이
　　견디지 못하고 손을 놓아 버리자

눈은 벌떼처럼 쏟아져 광장을 덮쳤다
골목에 숨어있던 사나운 바람까지 달려들어
광장을 물어뜯었다
바짝 겁먹은 버스 몇 대만 눈치 보며 기어가고
매표소 건물도 포장마차들도
눈보라 속에 납작 엎드렸다

"대포라도 한 잔 허고 가야지 그냥 가면 섭섭해서 어떡혀"
차표 사서 버스까지 탔으면 그냥 갈 일이지
동규 형 휴대전화 한 마디에 순댕이 성님과 나는
사람 몇 더 태우는 광장 간이정류장에 덜컥 내렸다
그 한 잔 때문에
오는 사람 눈길에 갇히고
기다리던 두 사람 편의점 구석에 갇혔다
오도 가도 못하는 우리 앞에
걱정스런 맥주병들만 굴러 나갔다

날 저물어서야 눈사람 하나 굴러들어왔다
광장은 눈보라 속에 늙은 군함처럼 침몰하고 있었고
수억의 성난 말벌들이 맹한 사람들 심판하겠다고
창을 때리며 으르렁거렸다
성님들은 무슨 죄 지었는지 모르겠지만

지난 일 년 저지른 오만가지 잘못
꼼짝달싹 못하고 하나님에게 혼구녁나고 있었다

우리는 반성하는 학생들처럼
얌전하게
술 먹는 과업을 수행할 수밖에

이튿날 아침
간밤에 혹 눈구덩이에 빠진 사람 없나 뉴스를 보니
죽을 죄 진일은 없었던지 다들 멀쩡하였다
대신 집 앞의 나무가 눈 무게를 못 견뎌
척추가 꺾인 채 나자빠져 있었다
     ―「변방 일기―폭설」 전문

  폭설이 바람과 함께 몰아치는 덕진광장 간이버스정류장의 정경으로 시는 문을 연다. 이미 차표를 끊어 차 타고 가는 중인데 전화가 온다. "대포라도 한 잔 허고 가야지 그냥 가면 섭섭해서 어떡혀"라는 동규 형 휴대전화 한 마디에 순댕이 성님과 화자는 "사람 몇 더 태우는" 시외버스 간이 정류장에 덜컥 내린다. "그 한 잔 때문에" 기다리던 둘은 편의점 구석에 갇히고 동규 형은 눈길에 갇혀 날 저물어서야 눈사람 되어 굴러온다. 폭설이 하얗게 덮인 세상이 밝아올 때까지 셋은 "얌전하게/ 술 먹는 과업"을 수행한다.

이튿날 아침 밖을 보니 집 앞 나무가 가지가 부러져 자빠져 있었다. 대단한 폭설의 밤이었던 것은 확실하다. 그런데도 "눈구덩이에 빠진 사람" 하나 없이 다들 멀쩡하였다. 셋다 착한 사람일 것임도 확실하다.

꼭 어느날의 일기를 보는 것 같다. 일기는 아무런 격식도 필요 없이 자유로운 마음으로 일어났던 일을 사실대로 쓰는 글이다. 따라서 허위가 있을 수 없고 모두 진실이다. 그 진실은 감동을 야기한다. 모든 일은 동규 형의 휴대전화 "그 한 잔 때문에" 일어난 일이다. 그러나 어찌 '그 한잔 때문'만이겠는가. 어찌할 수 없는 '정' 때문이 아니겠는가.

시인에겐 "별도 졸려 끄물대는 오밤중/ 한 잔 생각나 혹시나 하고 전화"하면 "자는 놈이 어떻게 전화 받냐? 시방 어디냐?"라고 답하며 달려 나올 정겨운 '성님'이 있다(「춥지 않은 밤」). 전화하고 달려갈 '아우'도 있다(「그리운 시인」). 시인을 인터뷰하러 갔다가 두 사람은 "묻지도 물지도 않고" 막걸리만 마시는 일도 있다.

> 그럼 물어보겠습니다.
> 물어 본다고? 내 대답은 하나여, 아퍼.
> 예?
> 이 사람아, 물으면 아프다고
> 예.

한 대낮 두 사람은
진눈개비 질척대는 질목집
주전자물 칙칙대는 연탄난로 끼고
막걸리만 마셨다.

묻지도 물지도 않았다.
　　-「안평옥 시인 인터뷰하러 갔다가」 전문

　묻고 대답하는 인터뷰보다 사람 사이에 정을 쌓는 일이 먼저 아니겠느냐는 것이겠다. 정이 오고 가지 않고서는 그 인터뷰에 진실성이 있을 수 없다는 나름의 이유가 있었을 게다. 그 누구보다 시인을 인터뷰한다는데 그 인간성을 알지 못하고 무슨 소용이 있겠는가 하는 뜻이기도 하겠다. 실상 두 사람은 잘 아는 사이다. 술을 핑계로 한 '정' 쌓기다.
　인터뷰를 하려면 우선 물어야 한다. 화자는 "그럼 물어보겠습니다."하며 인터뷰를 시작한다. 그런데 대답은 "이 사람아, 물으면 아프다"이다. 그런데 여기서 '물어'란 말은 'ㄷ불규칙 동사'로 남의 대답이나 설명을 구하는 '묻다'에서 온 말이다. 그러나 시인은 물어뜯는 '물다'라는 동사로 받아드리고 물면 아프다고 말한다. 두 사람의 말 모두 정확하다. 둘은 술 마실 좋은 핑곗거리를 찾았다. 화자는 "묻지도 물지도" 않기로 작정한다. 그리고 "진눈개비 질척대는 질목집/주전자물 칙칙대는 연탄난로 끼고" 두 사람은 "막걸리만" 마신다. 정말 정답기만 한 모습이 아닐 수 없다.

시인의 시편에는 많은 사람이 등장한다. 그들은 자주 '성님, 아우'로, 혹은 '호號'나 '별명'으로, 때로는 앞에서 보는 동규 형이나 안평옥 시인처럼 '실명'으로도 등장하기도 한다.

> 칼바람이 전깃줄 끊어버린다고 잉잉대고 있었다
> 동규 성님이 전화했다
> 나와라, 한 잔 허게
> 산곡한테 전화가 왔다
> 동규 성이 나오라고 하네
> 청계한테도 전화가 왔다
> 동규 성이 한 잔 허자고 하네
> 심상치 않다
> 염병, 뭔 날인가 알아야 뭐라도 준비하지
> 궁금증에 결국 전화했다
> 성님, 오늘 왜 모인대유?
>
> 오늘? 추운 게
>
>   -「상당한 이유1」 전문

"칼바람이 전깃줄 끊어버린다고" 잉잉대던 날, 시인은 동규 형으로부터 "한 잔 허게" 나오라는 전화를 받는다. 알고

보니 같은 전화가 산곡에게도, 청계에게도 갔다. 같은 전화가 여러 사람에게 갔으니 오늘은 무슨 특별한 날인지도 모른다. 궁금해진 시인은 결국 형에게 "오늘 왜" 모이는 것이냐고 전화로 물어본다. 의외의 답이 나온다.

"오늘? 추운 게"

시는 이 말도 안 되는 '엉뚱한 이유'를 답으로 하고 끝이 난다. 아니 단지 춥다는 이유로 정인들을 모아 술을 마시겠다니 정말 동규 형이란 분은 의외의 발상을 하는 사람인 것 같다. 그러나 시인은 이를 '상당한 이유'로 받아 드린다. 그래서 시제도 「상당한 이유」다. 날이 춥다는 단 한 가지 이유로 '네 사람'은 만난다. 그리고 함께 마시며 훈훈한 정을 나눈다. 추운 날씨는 누구에게나 똑같이 해당한다. 그러나 이들은 '춥다는 것'이 만남의 '상당한 이유'가 되고 거기에는 논리를 넘어선 '따뜻함'이 넘친다.

> 군수 성님
> 여류시인 데리고
> 앞산 묏등 뒤로 갔다
> 쨍쨍한 대낮에
> 우담바라* 본다 핑계를 대고

---

* 2007년 10월 6일, 한국시인대회가 열렸던 영월의 난고 김삿갓 묘소 뒤에는 실제로 우담바라가 피었다고 하며 그 사진을 찍어 온 일행도 있음.

벌겋게 물든 화상을 하고
산곡山谷 잔을 들며
오매, 단풍 들겄네
오매, 검불 묻겄네

소주素舟 성님 소주병만 바라보며
월경소주** 어디갔어? 아흐 아흐

만도晩島 선생 점잖게 문자 속 제대로 따지라며
아흐 다롱 디리
아흐 넘의 다리

난고 선생 벌떡 일어나
생도들은 제미씹이고生徒諸未十
선생은 내불알이다先生來不謁
　　　-「변방일기 3—영월, 우담바라 피었다고」 전문

　각주에서 보는 것처럼 시인은 영월에서 열렸던 한국시인대회에 참석하여 여러 사람과 어울렸던 모양이다. 그곳은 단종의 눈물이 어린 「청령포」가 있는 곳이고, 인용 시의 김삿갓의 묘소가 있는 곳이기도 하다.

** 강원도의 향토소주였던 경월소주는 이제는 문을 닫았는지 찾을 수 없음.

첫 연의 "군수 성님"은 지방 행정관인 '군수'가 아니라 화자와 함께 영월에 갔던 '정군수' 시인의 실명이다. 그는 마침 묘소 뒷산에 '우담바라'가 피었다는 말을 듣고 그곳을 찾아간다. 우담바라는 불교 세계관의 영력이 강한 전설적인 꽃이지만 실제로는 풀잠자리의 알이라고 한다. 그래도 순수하기만 한 시인은 그 소식을 흘려들을 수가 없어 직접 산을 오른 것이다.

이어지는 연에 등장하는 산곡, 소주, 만도는 모두 함께 갔던 시인들의 호다. 다들 나름대로 문자 속이 있어 얼굴은 술로 벌겋게 물들었지만 한 마디씩 유식한 소리를 한다. 특히 자신의 호와 발음이 같은 지역 특산물 경월'소주'를 월경'소주'로 발화하는 '소주' 성님의 발화는 절로 웃음을 베어 물게 한다.

이들의 이런 농담 같은 시 한 대목들은 마침내 행사장의 주인공인 난고 선생을 벌떡 일어나게 만든다. 그리고 욕설 같은 자신의 시로 이들을 꾸짖는다. 아니 꾸짖는 것 같지만 실상은 함께 어울리며 놀고 있는 것이다.

"생도들은 제미씹이고生徒諸未十/ 선생은 내불알이다先生來不謁" '씹'이나 '불알'은 욕이나 비속어에 가깝다. 그러나 난고 김병연金炳淵 선생이 누구인가. 그는 조선 후기의 가장 유명한 양반 출신 재야 시인이다. '김삿갓'은 그가 생의 대부분을 삿갓을 쓰고 다니며 방랑했기 때문에 붙여진 별명이다. 조부가 홍경래 난에 관련되어 죄인이 된 것을 알고 어느 날부터 자신은 더 이상 하늘을 볼 낯짝이 없다는 이유로 삿갓을 쓰고 유랑하였다고 한다.

이 시는 "생도는 모두 열명도 못되건만/ 선생은 와서 인사도 안하네"로 해석하면 된다. 자신의 묘소에 제대로 참배도 않고 술 마시며 놀고 있는 시인들에 대한 불만의 발화로도 읽을 수 있다. 여하튼 김삿갓의 시는 위트와 뼈대가 있는 언어유희가 넘쳐난다. 그의 시를 인용한 시인의 작품 또한 그러하다.

사실 '정'이라는 것은 논리 이전의 것이자 논리 이후의 것이다. 종교적 신념보다 우선하고 어떤 철학도 그 개념과 작용을 다 설명할 수 없는 이것은 불가지한 영역이다. 그러나 개인은 물론 남녀, 가족, 공동체의 삶과 관계가 유지되게 하는 원초적인 힘이기도 하다. 여러 정이 있다. 그중 빼놓을 수 없는 것이 남녀 간의 정이다.

    나뭇가지에 걸린 달이 떨어지네
    별이 문밖에서 서성이네
    밤새 물질했던 숲이
    풀잎에 수은방울 뿌리고 있네
    새벽안개 뿌윰하네

    토방 위 아낙의 신발

풀색 으깨져 젖어있네

어디 갔다 방금 돌아온 기색이네

-「밀회」전문

　새벽이 오는 고요한 무정물의 세계다. 이 시에 청각을 건드리는 그 어떤 소리도 없다. 움직임이 없는 무정물은 원래 소리가 없다. 달이 소리를 내던가. 별이 소리를 내던가. 이슬, 안개, 어떤 것이 소리를 내던가. 죽음처럼 깊은 잠에 빠진 새벽의 고요 그것뿐이다.

　밤하늘을 운행하는 달과 별은 이제 밤의 여정을 접고 있다. 그런데 가지에 걸린 달은 '떨어지고' 별은 문밖에서 '서성이고' 있다. 이 두 개의 동사는 새벽의 안온하고 평안한 잠자리와는 무언가 이질적이다. 떨어지고 서성인다는 것은 움직임이 있는 것이고 그것도 조금은 불편한 움직임이다. 고요 속에 작은 동요의 파장이 인다.

　뿌옇한 안개 속에 밤새 '물질'했던 숲이 '수은방울'을 풀잎 위에 뿌리고 있다. 물론 이슬이라는 것은 공기 중의 수증기가 밤의 찬 대기와 부딪혀 생긴 물방울이다. 수증기와 숲속의 찬 대기는 숲에서 밤새도록 무슨 짓거리를 한 것이 확실하다. 물질? 맞다. 밤새도록 '물질'을 한 것이다. 파장이 커지고 맥박도 약간 높아진다.

　문밖에 있던 화자의 시선이 아낙의 집으로 들어선다. 아낙은 남의 집 부녀자를 이르는 말로 새파란 아가씨는 결코 아니다. 막말로 뭐 알 것 다 아는 성숙한 여인네다. 화자는 토방 위 아낙의 고무신을 보여준다. 앗! 으깨진 풀색이 물들어 있다. 그렇다면 아낙의 치맛자락에도? 그러나 방안을 들여다 볼 수는 없다. 우리의 시각에 노출된 것은 '풀물에 젖은 신발'뿐이다. 아낙은 어디에서 무얼 하고 있었는가. 맥박은 높아지고 염통 뛰는 소리도 들리는 것 같다.

이제 고요한 새벽의 정적은 소리는 없으나 생명력으로 수런거리고 있다. 지금까지 화자는 새벽의 풍경과 아낙의 신발을 자신의 견해 없이 보여만 주고 있었다. 그러나 끝 행에서 처음이자 마지막으로 화자는 자신의 생각을 피력한다. 풀색 으깨져 젖은 신발을 보니 아낙이 "어디 갔다 방금 돌아온" 기색이라고. 단정적인 언사는 아니다. '기색'은 눈치나 낌새로 어떤 행동을 추단하는 것이기 때문이다. 그러나 확정적인 건 아니지만 아낙은 새벽이 다 될 때까지 밖에 있었음에 틀림없다. '밤새 물질한 숲의 생명력'으로 저도 물질해댄 모양이다. 싱싱한 관능의 불이 확 싸질러진다. 염통 쿵쾅거리는 소리가 들린다. 그러나 화자는 시의 매듭을 묶고 더 이상 아무 할 말도 없는 것처럼 시치미 뚝 떼고 시 밖으로 나가버린다. 짧은 시는 끝났다. 새벽 풍경 뒤에 어른거리는 모든 서사는 다시 독자의 상상에 맡겨진다.

시인은 원초적이며 원시적 순수함을 옹호하는 경향을 보인다. 도덕이나 규범에 얽매이기보다는 자연스럽고 자유로운, 그래서 낭만적인 사유에 기대어 인간의 본능적 영역을 드러내고자 한다. "아낙의 신발/ 풀색 으깨져 젖어있네"에서 보듯이 시인의 발상은 진솔한 본능의 영역을 드러내는 데 주저하지 않는다. '아낙'이 새벽의 숲을 헤매다 돌아왔다는 것은 '밀회'라는 제목에 미루어보아 욕정을 불사르고 돌아왔다는 것을 암시한다. 시인은 그저 별 표정 없이 가치중립적으로 그려내고 있다. 그리곤 원고지 밖에서 '그게 어때서?'라는 표정을 짓고 있다.

"아카시, 밤꽃이 흐드러"진 날 "꽃 보러 온 두 젊은이"가 산언덕 어느 묘지 앞 잔디 위에서 사랑을 나눈다. 웬 비석이나 묻자 "김이박 중 하나지, 이 따위 것 어디 하나 뿐?" 대수롭지 않게 대답한다. 거기서 더 나아가 비석에 새겨진 "중추부사 이 따위 공 함자"를 "잘난 삶에 대한 그 따위 변명"이라 여기며 아예 무시해버리고 두 젊은이는 "놀라운 이중창"을 부른다. 아까시 향내보다 진한 밤꽃 냄새를 풍기며 (「비석」). 명예나 부귀영화라는 세속적 가치에 물들지 않은 동물적이라 할 만큼 순수한 사랑을 그려내는 것이다. 남녀 간의 사랑이 전략적이거나 정략적인, 경제적이고 계층적인 이합집산으로 거래되는 현실에 대한 우회적 풍자라 할 수 있겠다.

> 바람이 거세게 불고 있었기 때문에
> 비가 몰아치고 있었기 때문에
> 사람들은 밖에 나오지 않았다

강물이 불었기 때문에
물살이 빨랐기 때문에
사람들은 강둑에 얼씬도 하지 않았다

둘은 강둑아래 게막에서 만났다
고함치며 왼 종일 사랑했다
보고 들은 사람 하나 없었다
사방 십리 둘뿐이었기 때문에

바다가 멀지 않았기 때문에
강물이 빨리 흘렀기 때문에
둘은 꼭 껴안고 바다로 흘러갔다
동네 사람 아무도 몰랐다
다들 모처럼 느긋한 낮잠을 자고 있었기 때문에

강둑 옆 갈대가 더욱 푸르게 물결쳤다
비바람에 쏠리고 밀리고 있었기 때문에
-「어떤 사랑」 전문

  바람이 불고, 비가 몰아치고, 강물이 불어나고, 물살이 빨라서 사람들은 얼씬도 하지 않은 날, 두 남녀가 "강둑 아래 게막에서 만나" 고함치며 왼 종일 사랑을 나눈다. 위험하리만치 역동적인 자연 속에서 세상 이목에 얽매이지 않고 나누는 사랑은 원시적이며, 원초적인 만큼 속되기보다는 순수하다. 후련하다. "겨울 아침/법당마루를 물걸레질 치는 아주머니"를 보고 "절 꾸벅 올리고/내가 먼저 힘껏 안고/자빠뜨릴 일"(「생보살」)을 상상하는 것도 같은 맥락이다. 누군가는 상식과 규범을 들먹이며 발칙한 상상이라 비판할 수도 있겠으나 문학의 자율성 안에서, 비록 상상이긴 하지만 시인은 인간의 원초적이며 본능적인 영역을 드러냄으로써 절대선이라는 미명으로 인간 의식을 구속하는 허위와 부자유를 뛰어넘고자 하는 것이다.

이번 시집에 특이한 점 하나는 특정한 장소와 관련한 시편들이 한 묶음으로 묶여 한 자리를 차지한다는 것이다. 이 대부분의 장소는 다양한 빛깔의 정과 관련된다.

화장실이 어디냐고 술집 할머니께 물었다. "뒤로 가서 외약다리 들고 싸"하길래 뒷문을 열었더니 "아득한 호남평야였다"(「옴팡집」)라는 어느날의 일화 속에는 좁디좁은 '옴팡집'과 넓디넓은 '호남평야가 함께 튀어나오는가 하면, 삼천포 연륙교 아래 어느 모텔에서는 취중에 잠들었다가 어느 대선배 시인 두상에 방뇨한 일화가 그려지기도 한다(「임이 짐작하소서」). 아중리 매운탕집(「진미珍味」)이 등장하기도 한다. 한밤에 "땅과 하늘 경계가 없어진/ 끝없는 별바다에"(「초원의 별 - 대평원에서」) 빠진 몽골 초원의 경험이 나오기도 한다. "산골 물소리 듣다가/ 기지개 한 번 펴고 가는 기차는/ 올라가는 차 한 번/ 내려가는 차 한 번// 단 한 명 역무원이/ 그 기차로 왔다/그 기차로 간다"는 "하늘도 세 평/꽃밭도 세 평"의 「승부역」이 그려진다. "마을이름도 다 아름다울 미美자, 미, 미, 미로 끝나는데 시계 반대방향으로다가 차례차례 이름만 불러보아도 씨잘데 없는 시보다 백배 천배 낫"다는 「흑산도」를 노래하기도 한다. "고향 보자고 찾아든 친구 위해/ 짚검불 타다대는 아궁이 앞에 쪼그린/ 시인은 소주에 피조개를 시킨다"는 「눈 오시는 하제」가 나온다. "무명속곳이 찢어져도 허허 웃는 사람들이 두세두세 사는 곳/ 내 누더기 몸뗑이 순정한 그 계곡 물에 차마 헹굴 수 없었던 곳"(「진안 백운고원 소묘」)도 나온다. 시인들 몇 막걸리를 벌컥대며 "점드락 술안주로 물메기탕 양은냄비에 육수만 부어댄다."(「눈보라치는 항구」)는 군산 째보선창도 그려진다.

신산한 삶의 풍경 속에 그래도 살아야만 하고 살 만하게 만드는 그 어떤 뭉클함이 시편마다, 그 특정한 장소마다 배어있음을 어렵지 않게 발견할 수 있다. 시에 등장하는 장소는 압축된 않은 서사 속에 등장하는 데 어느 서사가 다 그러하듯이 그 장소에 함께 한 사람들의 이야기다. 끈끈한 정과 이해타산을 따지지 않는 무욕과 명리에 휘둘리지 않는 순수한 인간상이 드러나는 공간이다. 떠돌아다니는 정처 없는 삶 속에서도 '정'이 있는 곳이면 고향이라는 말을 확인시켜주는 장소이기도 하다.

이번에는 '상갓집'이란 장소를 한 번 들여다보자.

강추위 하던 날 어둠 깔리고 별 돋아날 때 교장어르신 돌아가셨다.

뛰쳐나온 장정들 짚 깔고 멍석 펴고 차일치고 화톳불 올리고 백 촉 알전구 여기저기 달아매고 걍정거렸다. 여편네들 솥뚜껑 뒤집어 놓고 부침개 부치고 홍어 무치고 고깃국 끓이고 돼지고기 삶고 겉절이 버무리고, 부엌으로 장광으로 우물로 궁댕이를 흔들며 종종거렸다. 노인네는 심부름시키고 혼내고 애들은 혼나고 심부름 다녔다. 발걸음 부산하고 한 마디씩 거들고 가끔 웃음소리 터졌다. 지서주임이 순찰차 타고 오고 조합장이 택시 타고 오고 예비군 중대장이 오토바이 타고 오고 이웃 동네 구장이 경운기 타고 왔다. 선생은 자전거타고 오고 학생은 뛰어오고 거지들은 걸어왔다. 양조장 막걸리가 몇 통씩 들어오고 금방 떨어져 또 들어왔.

'상제도 한 잔 허는 거여' 밤 깊어지며 섬돌아래 죄인으로 눈 감고 앉아있던 오형제 슬슬 문상객 상모서리에 발걸음 잦아졌다. 선배 후배 선생 제자 동갑계 위친계 이리 저리 위로 아래로 오형제와 얽히는 사이, 막걸릿잔이 좌로 우로 앞으로 뒤로 날라 다녔다. 교장어르신까지 나와 몇 잔 받고 거나해 다시 들어가 누우셨다

추운 밤이었다 화톳불 기둥이 몇 개 더 섰다 불티 높이 나르고 별들이 와르르 쏟아져내렸다

-「호상好喪 1」 전문

경건해야 하고 엄숙해야 할 초상집은 무슨 잔칫집처럼 그려진다. 날도 추운데 장정, 여자들, 아이들까지 부산스레 움직이며 거들고, 마당엔 동네 유지들이 다 모인다. 거지들도 모인다. 양조장 막걸리가 몇 통씩 들어오고 금방 떨어져 또 들어온다. "상제도 한 잔 허는 거여" 하는 말에 "죄인으로 눈 감고" 있던 상제 오 형제도 "슬슬 문상객 상모서리에 발걸음 잦아졌다". 모두 "선배 후배 선생 제자 동갑계 위친계 이리저리 위로 아래로 오 형제와 얽히는 사이, 막걸릿잔이 좌로 우로 앞으로 뒤로 날아 다녔다." 아버지를 잃은 자식도 문상객들과 어울려 웃으며 술을 마시는 장면이다. 그랬다. 그랬었다. 초상은 일종의 축제였다. 가난한 사람 부자 할 것 없이, 남녀 없이, 동네 사람이라면 누구나 찾아들어 한잔 마시며 음식을 나누었다. 죽은 자와 남은 자 모두의 화해의 자리였던 것이다. 죽음은 정해진 순리였고 그 죽음이 순리를 환기시키며 남아있는 자들의 화평을 도모하게 했다. 공동체가 살아있고 인정이 살아있던 시대의 이야기다. 우리가 잃어버린 과거이며 돌아갈 오래된 미래다.

탁씨네 담장 안에 감나무가 줄지어 서있다. 화가들이 그 분위기 살린다고 담장에 가려져 있는 감나무를 바깥 담장벽 위에 그렸던 모양이다. 그런데 사람들이 그냥 지나쳐버린다. 그러다가 가을 되어 잎사귀 다 떨어지고 홍시 몇 개 남아있을 무렵 사람들이 멈추어 유심히 들여다보는 것이었다. 살아있는 나무와 벽에 그림으로 남아있는 나무가 영 부

조화스러웠던 모양이다. "감나무집 주인 탁씨/ 그날 한 나절 / 담장 몽땅 허물어 버렸다."(「탁씨의 예술」) 담장 위에 그린 그림이 아무리 잘 그려졌다 할지라도 실물과 같으랴. 담장의 그림이 오히려 실물을 가리는 장애요소가 된 것이다. 탁씨는 담장을 허물어 안과 밖의 경계를 지워버린다. 시선을 나누고 말을 나누고 마음을 나누기 위해 경계의 상징인 담장을 허물어 버리는 이 행위는 너와 나로 구분 짓고 사람 사이에 공고한 벽을 쌓으며 그 벽 안에 갇혀 소통을 거부하는 오늘날 삭막한, 정이 오고 갈 여지가 없는 우리 사회에 던지는 시사적 의미가 크다.

시인도 이제는 황혼길을 걷고 있다. 그는 가야 할 인생길이 아직 먼 줄 알았더니 어느새 다 와버리고 말았다고 자신의 내밀한 심경을 솔직히 토로하는 사람이다(「아직 멀었다 벌써 다왔다」). 그는 이제 뒤를 돌아보며 자신의 자화상을 그려볼 때도 되었다.

바람에 등 떠밀려
아득한 들길 걸었다

길 오는 동안
발 아래 떨어진 능금 하나 줍지 않았다
이삭 위 메뚜기 하나 나꾸지 못하고

후미진 산모퉁이 구절초
바라만 보았다

환한 세상 보리라 도회에 왔으나
사람 사는 골목 어둑하였다
높고 빛나는 것
곱고 즐거운 것들
약지 못한 기색이면 앵돌아져
고개 돌렸다

가게 방 탁자 위
마른 멸치 몇 개 놓고
근천맞게 어둠을 마셨다
칼을 들이대도 잔을 들면서
그거 들긴 드는 거냐고 웃었다

어쩌다 무명의 꺼칠한 시인을 만나
어깨동무하고 비틀거리기도 했으나
젖은 눈으로 웃고 살았다
사람들은 그의 쓸쓸함을 사랑하는 척했으나
그 쓸쓸함으로 그는 떠나고
등 뒤로는 눈이 내리기도 하였다

-「눈 내리는 날 - 자화상」

한 시인의 자화상을 본다. 아득한 "길 오는 동안/ 발 아래 떨어진 능금 하나 줍지 않"고 "이삭 위 메뚜기 하나 나꾸지 못"했다. "후미진 산모퉁이 구절초"도 바라만 보았다. "환한 세상 보리라 도회에 왔으나" "높고 빛나는 것/곱고 즐거운 것들"은 외면하였다. 꼿꼿한 자존감으로 허욕과 탐욕에 휘둘리고 명리를 좇는 대신 무욕과 허심의 눈으로 한 송이 가녀린 구절초를 바라보는 시인, 오히려 어둡고 그늘진 곳으로 발길을 돌려 젖은 눈으로 아득히 별을 바라보는 시인, 그는 "하늘 붙들고 재를 넘어" 어디로 가고자 한 것일까?

시인이 그리는 것은 '오래된 미래'가 아닐까? 탐욕에 물들지 않고 자연의 순리대로 살다가 또 마실 가듯 가는, 사는 동안 때 묻지 않은 원초적인 정으로 함께 소통하는 세상. 철학 이전의 철학, 철학 이후의 철학, 그것은 도덕과 규범을 초월한 정情의 세계다. 그래서 시인의 시적 상상은 때로 도발적이며 현실 논리로는 가 닿지 않은 영역도 없지 않다. 그러나 그것이 철저하게 계산된 이기적 논리에 의지하여 살아가고, 합리를 가장한 이해타산에 찌들어 사는 우리를 돌아보게 한다. AI가 우리의 삶과 사고를 지배하는 시대의 도래와 더불어 인간적 가치가 급속하게 상실되어 가는 이즈음, 전에 없는 기상이변과 코로나19와 같은 팬데믹을 겪으면서 돌아갈 정서적 귀의처를 잃어버린 우리들에게 마음의 고향을 찾아가게 하는 이정표라 하겠다.

문예시선 017

**아직 멀었다
벌써 다 왔다**

초판1쇄 발행 2024년 11월 1일

지은이 호병탁
펴낸이 오경희

주간 조승연
편집·디자인 오경희·조정화·오성현·신나래
　　　　　　　박선주·정성희
관리 박정대

펴낸곳 문예원
창업 홍종화
출판등록 제2007-000260호
주소 서울 마포구 토정로 25길 41 1층(대흥동 337-25)
전화 02) 804-3320, 805-3320, 806-3320(代)
팩스 02) 802-3346
이메일 minsokwon@naver.com
홈페이지 www.minsokwon.com

ISBN　979-11-90587-51-8　04810
　　　　979-11-965602-2-5　SET

ⓒ 호병탁, 2024
ⓒ 문예원, 2024, Printed in Seoul, Korea

이 책은 저작권법에 따라 보호를 받는 저작물이므로 무단전재와 복제를 금지하며,
이 책의 전부 또는 일부를 이용하려면 반드시 저작권자와 출판사의 서면동의를 받아야 합니다.